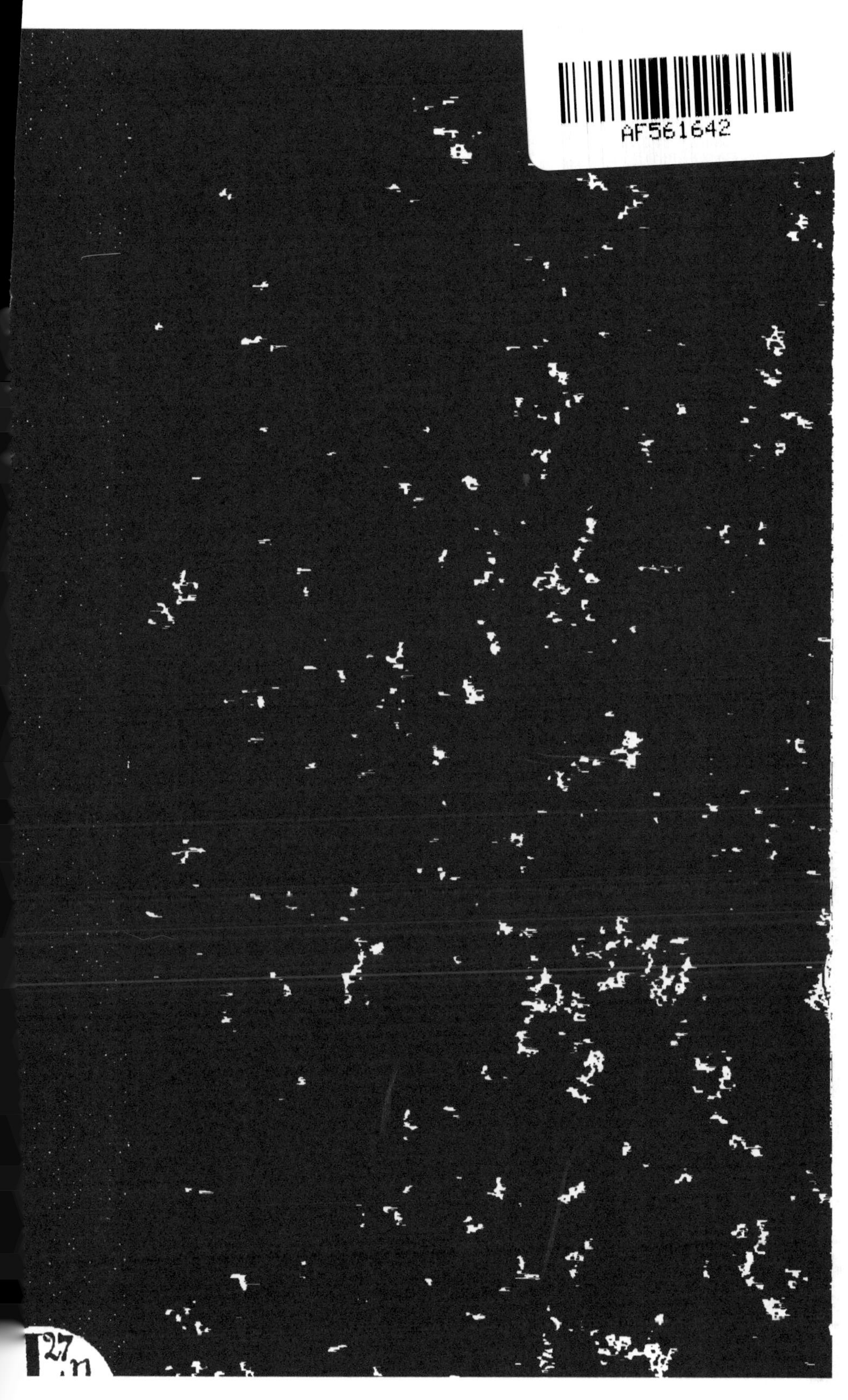

ESQUISSE BIOGRAPHIQUE

SUR ILLUSTRISSIME ET RÉVÉRENDISSIME

JEAN-AIMÉ

DE LEVEZOU DE VESINS

ÉVÊQUE D'AGEN

PAR M. L'ABBÉ LÉON MARET

CURÉ DE SAINTE-MARGUERITE DU VÉSINET

DIOCÈSE DE VERSAILLES

DÉDIÉE A LA FAMILLE DE VESINS

ET AU CLERGÉ D'AGEN

PARIS

AUX BUREAUX DE LA *SEMAINE RELIGIEUSE DE PARIS*

2, PLACE DU PANTHÉON, 2

JUIN 1867

ÉVÊCHÉ DE VERSAILLES

Conceditur facultas typis mandandi in diœcesi versaliensi opusculum sic inscriptum :

Esquisse biographique sur illustrissime et révérendissime Jean-Aimé DE LEVEZOU DE VESINS, évêque d'Agen, par M. l'abbé Léon Maret, curé du Vésinet.

Datum Versaliis, die 23 maii 1867.

D. BOUIX, vicarius generalis.

LETTRE

DE SON ÉMINENCE

Monseigneur le Cardinal Archevêque de Bordeaux

A L'AUTEUR

Bordeaux, le 4 mai 1867.

Mon très-cher Monsieur Maret,

Le clergé d'Agen ne pouvait pas avoir un meilleur historiographe que vous de tout ce qui s'est passé au moment de la mort et des funérailles de son vénérable et regrettable évêque. Je pense que vous aurez reçu le journal de la localité, dont le récit m'a paru on ne peut plus exact.

Je crois avoir embrassé, dans le court éloge funèbre que je vous envoie, et que j'ai prononcé dans la cathédrale de Saint-Caprais, tout ce qui se trouvait dans la vie si bien remplie de Mgr de Vesins. Je ne saurais rien ajouter à ce que j'ai dit de l'*homme du monde*, du *prêtre*, de l'*évêque*. Lisez les rapports qui existaient, dès la fondation de nos églises, entre Delphinus de Bordeaux et Phœbade d'Agen, vous aurez un échantillon de ce que nous étions l'un pour l'autre à quinze siècles de distance.

. . . .

Agréez, monsieur le curé, la nouvelle assurance de mes meilleurs sentiments.

† FERDINAND, CARDINAL DONNET,
archevêque de Bordeaux.

SOMMAIRE

ESQUISSE BIOGRAPHIQUE

SUR MGR DE VESINS

ÉVÊQUE D'AGEN

Gratiâ Dei sum id quod sum. (I Cor. xv-10.)
C'est par la grâce de Dieu que je suis ce que je suis.

PRÉLUDE

Encore une nouvelle fleur au jardin céleste. Beaucoup d'esprits prévenus se laissent trop facilement persuader que notre époque est stérile en vertus, en dévouements, en sainteté ; c'est une erreur déplorable que nous voudrions dissiper.

Est-ce que nous n'avons pas encore des apôtres convaincus, dévoués, généreux, s'oubliant entièrement eux-mêmes et qui vont, une croix à la main, porter les lumières et la civilisation dans les contrées barbares ou au milieu de l'idolâtrie actuelle ? Est-ce que nous n'avons pas comme toujours des pasteurs vigilants, éclairés, bons, dont le cœur paternel est un prodige d'amour, de condescendance et de patients travaux ? Est-ce que nous n'avons pas toujours ces amants et ces amantes de la solitude qui font fleurir le désert et qui, par une vie toute de pureté et de prière, se montrent les véritables anges de la terre ? N'avons-nous pas plus que jamais ces admirables armées de vierges, enrôlées sous un vœu d'obéissance pour aller au secours de tous ceux qui souffrent sur la terre, et dont la vie pure et sans tache fait croire à la vertu les hommes les plus hostiles à toute idée religieuse ? Est-ce que nous n'avons pas encore un bon nombre de mères de famille, de pères même, qui remplissent au milieu du monde tous leurs devoirs de chrétiens et brillent par l'éclat de leurs vertus? Nous avons encore au milieu de nous de véritables saints, de véritables disciples du Christ. Il suffit de les chercher et de vouloir les connaître. Ils ne forment pas le grand nombre; mais le Dieu incarné et venu sur la terre pour l'éclairer, nous a dit que le grand nombre se perd et que c'est le petit nombre qui sera sauvé, parce que le grand nombre ne s'occupe que du corps et des plaisirs de la vie présente.

A mesure que l'occasion s'en présente, il faut donc faire connaître ces disciples du Christ, ces hommes d'élite qui ont compris la vie d'intelligence et d'amour. Il faut révéler à nos frères, qui n'ont pu en être les témoins, leur vie pure, leur foi, leur charité, leur dévouement: et c'est ce que nous voudrions pouvoir faire pour la vie de Mgr de Vesins. Mais, dans cette courte notice écrite à la hâte, nous nous contenterons de jeter quelques jalons sur cette existence si bien remplie, en attendant qu'une plume plus habile que la nôtre vienne raconter en détail une foule d'actions qui, pour être cachées, n'en sont pas moins admirables.

Il serait d'autant plus intéressant de la révéler, cette belle vie, qu'elle peut servir de modèle à tous les âges, à tous les états et à toutes les conditions de la vie.

Parler d'un pontife qui a été un modèle touchant de toutes les vertus sacerdotales, qui laisse après lui une mémoire bénie, et dont la tombe exhale un parfum de sainteté, c'est honorer la religion qui a formé son cœur et qui l'a inspiré; c'est présenter au peuple un puissant enseignement de foi et de piété; c'est répondre à ce sentiment d'affectueuse vénération qui s'attache à ce nom bien aimé; c'est aussi un souvenir que nous offrons à l'excellent clergé d'Agen et à une honorable famille dont la piété filiale est au-dessus de tout éloge.

Mgr de Vesins a vécu jeune homme au sein d'une famille respectable, époux, père de famille, magistrat et prêtre catholique, vicaire général dans une des plus importantes cités, et évêque dans un diocèse où sa mémoire restera toujours en bénédiction.

Nous n'avons pas vécu sous sa paternelle houlette, nous ne l'avons pas vu d'assez près pour oser entreprendre le récit détaillé de ses vertus; nous ne songions pas même à publier la présente esquisse biographique; mais nous en avons été si instamment prié par plusieurs ecclésiastiques distingués du diocèse d'Agen, qui savaient que nous possédions quelques documents, que nous n'avons pas cru devoir refuser ce premier tribut d'honneur à la mémoire d'un pontife modèle. Heureux si notre faible travail peut contribuer à augmenter ce respect, cette confiance que méritent les pontifes et les ministres de notre religion, de cette religion qui n'a besoin que d'être bien comprise pour être aimée et devenir la règle de toute conduite intelligente. Puisse ce premier jet de lumière sur un point que les mauvaises passions cherchent à obscurcir aujourd'hui, appeler d'autres efforts et nous procurer la biographie complète du vénéré pontife que pleure le diocèse d'Agen! Assez de plumes impies trempées dans le fiel de l'incroyance cherchent aujourd'hui à déverser le mépris sur le clergé, pourquoi ne pas signaler ces existences si bien remplies quand l'occasion s'en présente? La foi ne peut qu'y gagner, et la religion de Jésus-Christ en est aimée davantage. On pourrait voir, dans la vie du pieux et modeste Mgr d Vesins, que le clergé a toujours compris et comprend encore ces remarquables paroles de l'Évangile, ce foyer de lumière et du véritable progrès : *Soyez parfaits, comme votre père céleste est parfait.*

I

Origine de M. de Vezins, — sa naissance, — ses premières années, — son mariage, — sa promotion au sacerdoce et au vicariat général de Bordeaux.

1793 — 1841

Jean-Aimé de Levezou de Vesins, frère cadet du comte de Vesins chef du nom, naquit à Milhau, diocèse de Rodez, le 26 août 1793. La famille est *Levezou*, et ne prit le nom de *Vesins* qu'en 1420, époque à laquelle Bérenger de Levezou épousa Félixe de Vesins, seule héritière de ce nom. Quoiqu'on écrive différemment aujourd'hui le nom du village de *Vezins* et celui de la famille de *Vesins*, l'orthographe était primitivement la même, puisque le village s'était créé sous la protection du château. La manie d'innover à une certaine époque est la seule explication à donner de cette différence. Le nom de *Levezou*, qui se trouve réuni à la commune de Saint-Laurent, dans le canton de Vesins, arrondissement de Milhau, appartient à une chaîne de montagnes dont la famille de ce nom possédait autrefois la seigneurie.

Le père et la mère de Jean de Vesins étaient comme captifs dans la maison qu'ils avaient à Milhau, à l'époque où vint au monde celui qui devait être plus tard l'évêque d'Agen. Son éducation fut dirigée par sa pieuse mère et par un oncle, l'abbé de Vesins, dont les vertus laissèrent dans l'âme du neveu les plus durables souvenirs. Dans *la France ecclésiastique* de 1790, nous voyons figurer un abbé de Vesins comme prieur de Saint-Léons, aujourd'hui commune du canton de Vesins ; c'était l'oncle du jeune de Vesins. Ce prieur de Saint-Léons fut à cette époque nommé évêque de Lodève.

Jean-Aimé avait passé les vingt premières années de sa vie sous le toit du château de Vesins, propriété du marquis de Vesins. De bonne heure les signes d'une sérieuse vocation à l'état écclésiastique se manifestèrent dans cet enfant de bénédiction ; souvent on le voyait occupé à dresser de petits autels, s'exercer à dire la messe, et il montrait un zèle particulier à servir chaque jour celle que célébrait, dans le manoir paternel, le précepteur aux soins duquel il avait été confié. Toutefois, ayant cru reconnaître que Dieu ne l'appelait pas au sacerdoce, il épousa en 1813 Mlle Louise-Clarisse de Ferramont dont il eut quatre garçons et une fille. Il goûta ainsi pendant quelques années tout le bonheur d'un chef de famille chrétienne ; mais cette union fut bientôt rompue. En 1826 il perdit son épouse. Il devint, en 1828, conseiller de préfecture à Montauban, après avoir passé quelque temps chez le sous-préfet de Milhau, son parent. En 1829, il fut nommé sous-préfet de sa ville natale, et il vit encore sa carrière brisée par une révolution politique. Fidèle à ses convictions, il donna sa démission aux journées de 1830, durant lesquelles il déploya une rare énergie pour le maintien de la tranquillité et de l'ordre.

Dieu appelait son serviteur à de plus hautes destinées. Après les événements de juillet, M. de Vesins sentit renaître en lui la pensée de se consacrer à Dieu. La considération d'une famille qu'il aimait tendrement lui créait des scrupules. Mais comme il ne recherchait avant tout que la volonté de Dieu, il ne compta plus avec les obstacles dès que cette volonté lui fut connue, surtout lorsque, ayant élevé ou établi ses enfants, le père de famille eut retrouvé la liberté dont le prêtre avait besoin. Il demanda à Mgr Chaudru de Trélissac, évêque de Montauban, dont il habitait la ville épiscopale, de se préparer en particulier à l'étude de la théologie et aux saints ordres. Le pieux prélat, comprenant que M. de Vesins ne pouvait se séparer de sa famille pour aller s'enfermer dans un séminaire, accéda volontiers à la demande qui lui était faite. Plus tard, à l'époque des grandes ordinations, l'abbé de Vesins, éprouvant le besoin de se retirer dans une solitude plus profonde, alla passer quelque temps à l'archevêché d'Albi, en la compagnie de l'archevêque, son cousin, Mgr de Gualy, de si sainte et de si vénérée mémoire, et près duquel il termina sa théologie. Là, se rappelant qu'il avait été baptisé par une main laïque, M. de Vesins eut des scrupules sur la validité de son baptême. Pour les calmer, l'archevêque d'Albi se détermina à le rebaptiser sous condition. C'est par Mgr de Gualy que M. de Vesins fut ordonné prêtre, au mois d'octobre 1836, pendant la retraite pastorale, en présence d'un nombreux clergé; il célébra sa première messe, le jour de la Toussaint, dans l'église de Saint-Antonin, chef-lieu de canton du diocèse de Montauban.

Ce fut en 1838 que M. de Vesins perdit son plus jeune fils. L'aîné, actuellement le comte de Vesins, a épousé la fille aînée du duc de Reggio, maréchal Oudinot. Le deuxième, préfet de Seine-et-Marne, a uni sa destinée à Mlle de Kerninon, nièce de Chateaubriand. Le troisième, qui s'est distingué au siége de Puebla et y a été cruellement blessé, est officier d'artillerie et marié à mademoiselle de Forcade.

M. de Vesins avait demandé à Mgr de Trélissac de ne pas se séparer de ses enfants, encore jeunes à l'époque où il fut ordonné prêtre, permission qui lui fut accordée facilement. Toutefois, comprenant qu'il ne se devait plus exclusivement à sa famille depuis sa promotion au sacerdoce, il accepta volontiers les fonctions modestes de prêtre auxiliaire qu'il remplit avec autant d'humilité que de zèle pendant près de deux ans. La ville de

*

Montauban eut ainsi les prémices de son ministère. Dans la paroisse de Saint-Jean-Baptiste (Villenouvelle) qu'il habitait, il se faisait tout à tous et, malgré la dignité qui resplendissait en lui naturellement, les pauvres du faubourg venaient lui confier leurs misères spirituelles et corporelles. On se souvient encore à Montauban et à Villenouvelle des prédications de l'abbé de Vesins, de son habileté dans la direction des âmes et de son zèle pour la réconciliation des pécheurs au saint tribunal de la pénitence. Bien que M. de Vesins n'eût voulu accepter aucun titre avec charge d'âmes, il n'en était pas moins un des ouvriers les plus actifs dans le champ du père de famille. Le curé de Villenouvelle voulait le faire nommer troisième vicaire, lorsqu'une circonstance amena un grand changement dans la situation de M. de Vesins.

Son fils aîné, M. Ludovic, devait épouser Mlle Oudinot de Reggio, et l'abbé de Vesins partit pour aller bénir le mariage en Lorraine. L'archevêque de Bordeaux, Mgr Donnet, qui, sous le titre d'évêque de Rose *in partibus*, avait été coadjuteur de Mgr de Nancy et de Toul, n'était pas un étranger pour la famille de l'illustre maréchal. Il fut frappé de certains détails donnés par les journaux de l'époque sur cette union qu'avait bénie le père du futur. Bientôt après sa résolution fut prise, et il proposa, en 1837, des lettres de grand vicaire à l'abbé de Vesins que la renommée lui avait fait connaître, et dont il avait entendu faire l'éloge le plus complet par son ami M. Dufêtre. M. l'abbé Dufêtre, en effet, mort depuis évêque de Nevers, étant venu prêcher à Montauban une retraite ecclésiastique, distingua M. de Vesins. Il en parla à son compatriote et ami Mgr Donnet, qui venait de succéder sur le siége de Bordeaux au cardinal de Cheverus, et qui s'estima heureux de s'attacher le nouveau prêtre, en qualité de grand-vicaire, en attendant que la démission de Mgr Jacoupy lui permît de le désigner pour l'évêché d'Agen.

M. de Vesins ne se décida à accepter les fonctions de vicaire général qu'après les plus vives instances et vint se fixer à Bordeaux, dans le courant de 1838. Il lui en coûtait beaucoup de se séparer de ses enfants, pour la plupart encore peu avancés en âge, ce qui ne l'empêcha pas d'accomplir généreusement son sacrifice et de se vouer tout entier à ses nouvelles fonctions.

Il fit un bien immense dans le diocèse de Bordeaux, auprès des fidèles, par son aimable piété, la distinction et l'aménité de ses manières, la noblesse de sa figure et cet air de grandeur sans affectation qui le caractérisait dans ses actions comme dans ses paroles. Il réhabilita le prêtre dans la plupart des esprits. Auprès du clergé, il ne fit pas un moindre bien par l'œuvre des missions, aujourd'hui si florissante dans le diocèse de Bordeaux, et dont M. de Vesins fut un des principaux promoteurs sous l'impulsion de son archevêque. Mgr Donnet était heureux d'être secondé, dans l'administration de son vaste diocèse, par un homme aussi judicieux et aussi habile dans la connaissance des hommes et des choses que l'était le nouveau vicaire général. Son affabilité lui gagnait tous les cœurs, et les curés du diocèse de Bordeaux accueillaient avec empressement les missions prêchées par l'abbé de Vesins. Justement en garde contre ces voix étrangères venues de loin, et qui ignorent souvent le genre, le mode de prédication qui convient le mieux à un pays, ils recevaient avec bonheur, dans leurs paroisses, les hommes évangéliques formés et dirigés par ce nouvel Ambroise, qui connaissait le monde, ses besoins et l'esprit qu'il faut lui inspirer à notre époque. La plupart des hommes du jour, encore sous l'influence des préjugés voltairiens, relativement aux missions, ne comprennent pas tout le bien que fait à la société un fondateur des missions diocésaines.

Tels sont les détails que nous avons recueillis sur la carrière sacerdotale de Mgr de Vesins avant sa promotion à l'épiscopat.

II

Épiscopat de Mgr de Vesins : — Nomination, préconisation et sacre; — installation ; — vie pastorale ; lettres, circulaires et mandements ; — œuvres fondées.

1841 — 1867

Une ordonnance royale, en date du 26 janvier 1841, nomma M. l'abbé de Vesins à l'évêché d'Agen, vacant par la démission de Mgr Jacoupy, qui gouvernait ce diocèse depuis 1802 et qui mourut à Bordeaux en 1848. Cette nomination fut accueillie avec joie à Agen, où les journaux firent le plus grand éloge du nouveau prélat. « Doué d'une piété exemplaire, disait le *Journal de Lot et « Garonne*, d'une charité tolérante, d'une bienveillance impar- « tiale, distingué par son esprit comme par ses manières, éga- « lement versé dans l'administration civile et dans l'administra- « tion ecclésiastique, M. l'abbé de Vesins est éminemment propre « à faire aimer la religion, à faire respecter ses ministres, à « rapprocher les esprits. Cette tâche lui sera à la fois douce et « facile. »

Il fut préconisé le 12 juillet suivant par le pape Grégoire XVI, au consistoire secret tenu dans le palais du Quirinal, en même temps que Mgr Brossais Saint-Marc, évêque de Rennes, Mgr Le Mée, évêque de Saint-Brieuc, Mgr Olivier, évêque d'Évreux, et huit autres prélats. Après la préconisation, un journal de Paris (1) reçut la lettre suivante au sujet du départ du vicaire général de Bordeaux :

« Monsieur le rédacteur,

« Le diocèse de Bordeaux perd Mgr de Vesins, évêque élu d'Agen. Rome a parlé : il part et qui peut dire les regrets qui l'accompagnent ? Si le clergé d'Agen attendait avec impatience la réponse de la ville sainte, celui de Bordeaux se réjouissait de son silence. L'administration éclairée de M. de Vesins comme grand vicaire lui avait gagné tous les cœurs. Heureux le clergé d'Agen! Il peut se réjouir à son tour, puisqu'il possédera bientôt celui qu'il appelle de tous ses vœux. Mais le départ de Monseigneur entraîne celui de l'honorable et savant M. Carney, professeur à la faculté, chanoine d'Alby. Ainsi nous déplorons une double perte, et le clergé d'Agen se réjouit deux fois.

« Agréez, etc. « J. Malavergne,

« *prêtre, protonotaire apostolique.* »

Bordeaux, 25 juillet 1841.

L'évêque élu d'Agen prêta serment aux Tuileries avec Mgr Olivier, le 31 du même mois, et fut sacré dans l'église primatiale de Saint-André, à Bordeaux, le dimanche 8 août. Mgr Donnet, prélat consécrateur, était assisté de Mgr de Saunhac-Belcastel, évêque de Perpignan, et de Mgr Lanneluc, évêque d'Aire; Mgr Soyer, évêque de Luçon, assistait également à la cérémonie

(1) *Ami de la Religion* du 31 juillet 1841, tome 110, n° 3470.

avec un grand nombre d'ecclésiastiques; car, au clergé du diocèse de Bordeaux, qu'une retraite ecclésiastique avait réuni presque tout entier, s'ajoutaient les députés nombreux du clergé d'Agen, qui semblaient accourus pour prendre possession de leur pasteur. Plus de quatre cents prêtres, cinq vicaires généraux, un archevêque consécrateur et trois évêques composaient la magnifique procession qui traversa deux fois la ville de Bordeaux. La vaste basilique de Saint-André se trouvait trop étroite pour contenir la foule : tous les esprits étaient dominés par la grandeur de la solennité religieuse; tous les yeux attachés sur le nouveau prélat, dont la piété vive, la rare dignité, l'émotion visible eussent gagné tous les cœurs, si les cœurs n'eussent pas été gagnés d'avance à Mgr de Vesins.

Mgr Donnet prit la parole, pour exprimer les triomphes et les regrets de l'église de Bordeaux, tout à la fois si fière de donner de pareils pasteurs à la France, à l'Afrique (1), et si triste de perdre de pareils enfants, bien qu'elle ne semble pas s'appauvrir des dons qu'elle fait aux églises ses sœurs, et que sa fécondité la laisse assez riche pour lui permettre de nouvelles libéralités.

Mgr de Vesins arriva dans sa ville épiscopale, le 12 août, avec Mgr l'archevêque de Bordeaux. Il se rendit processionnellement à l'église de Notre-Dame, où il fut complimenté par M. de Cours de Paulhiac, doyen du chapitre, à peu près en ces termes :

« Monseigneur,

« Les qualités personnelles qui vous distinguaient dans le monde, mais plus particulièrement encore la sagesse et les vertus chrétiennes, qu'avec une grande édification vous y mettiez en pratique, avant de vous consacrer uniquement à Dieu, préparaient par avance votre touchant avénement au sacerdoce. A peine en aviez-vous reçu l'auguste caractère, à peine étiez-vous installé dans le sanctuaire, que votre renoncement aux soins de la terre, votre participation à toutes les œuvres qui opèrent le salut et la sanctification des âmes, vos talents et votre zèle exercés dans toutes les fonctions du saint ministère, furent des sacrifices, des exemples, des secours et des services rendus à la religion. Mais pour un plus

(1) Allusion à Mgr George, évêque de Périgueux, et à Mgr Dupuch, évêque d'Alger.

grand bien encore, Dieu, Monseigneur, dont pendant vos premières années vous étiez un serviteur toujours fidèle, et, depuis, un prêtre toujours selon son cœur, vous appelait à siéger parmi les pontifes établis par l'Esprit-Saint, pour le gouvernement de son Église... Montez sur le trône pontifical des Caprais, des Vincent, des Phœbade, des Dulcide, qui dans ce moment intercèdent pour vous; et sur ce trône, par votre courage pour la défense de la foi, vous perpétuerez le souvenir de vos deux derniers prédécesseurs. »

Mgr l'archevêque de Bordeaux monta en chaire et lut les bulles du nouvel évêque. Après lui, Mgr de Vesins fit entendre de touchantes paroles. Les autorités et la magistrature assistèrent à la messe célébrée par Mgr Donnet, et après laquelle Mgr l'évêque d'Agen fut reconduit processionnellement à l'évêché.

M. de Vesins, devenu évêque, conserva pour écusson les armes de sa famille qui figurent, au palais de Versailles, dans la salle des croisades, avec la date de 1248 et les noms de Bernard de Levezou et Dalmas de Vesins. Nous les expliquons ainsi: *Ecartelé, au 1er et au 4e d'azur au lion d'or armé et lampassé de gueules*, qui est de Levezou; *au 2e et au 3e de gueules à trois clés d'argent posées en pal, deux en chef et une en pointe,* qui est de Vesins.

Autour de l'écusson on lit pour devise, ce passage de saint Paul (I Cor. xv. 10), *Gratiâ Dei sum id quod sum*, « c'est par la grâce de Dieu que je suis ce que je suis, » paroles dont l'humble prélat a fait la règle de sa vie.

Le mandement de prise de possession de Mgr de Vesins, daté du jour de sa consécration épiscopale, indique les devoirs du pasteur et rend un juste hommage au zèle et aux vertus de Mgr Jacoupy son vénérable prédécesseur.

« Vous nous êtes tous chers au même prix, dit-il en s'adressant et aux fidèles catholiques de son diocèse et à ses frères séparés... Que ne nous est-il donné de nous embrasser dans l'unité d'une même foi, de ne faire qu'une même famille, sous l'autorité du même chef, et de réfléchir ainsi sur cette terre la parfaite harmonie du ciel. Nous allons donc à vous avec confiance, parce que nous y allons avec affection; venez à nous avec de semblables dispositions. Cette confiance mutuelle, en présidant à nos rapports, unira plus étroitement nos cœurs, produira la paix, ce premier des biens, et la gloire de celui à qui plaire est notre plus ardent désir et notre souverain bonheur... »

Que dire maintenant de cette longue administration de vingt-six années dans un même diocèse? Que dire surtout d'un évêque qui, par la sagesse de son administration, l'austère dévouement à tous ses devoirs, la douceur de son caractère, sa haute intelligence des affaires, avait su captiver toutes les personnes qui l'approchaient?

Mgr de Vesins fut un apôtre infatigable. Dès le commencement de son épiscopat, on le vit parcourir tout son diocèse, prêcher des missions, des retraites, des carêmes, et se livrer avec ardeur à tous les travaux du saint ministère. Plus tard, lorsque de douloureuses infirmités le retinrent trop longtemps dans son palais épiscopal, il ne laissa pas que de faire chaque année la visite d'usage et de se dépenser même au delà de ce qu'il pouvait faire.

Sa piété fut toujours admirable : ses adversaires eux-mêmes — car il en eut — se plaisaient à reconnaître que Mgr de Vesins était un saint, d'une foi à transporter les montagnes, d'une abnégation héroïque, d'une pureté d'intention et d'une sûreté de vues irréprochables, d'un zèle vraiment apostolique.

Son amour pour l'Église, son dévouement pour le souverain pontife étaient sans bornes. Les lettres et les mandements qu'il a publiés en font foi. Il fit à plusieurs reprises le voyage de Rome, notamment en 1854, pour la proclamation du dogme de l'Immaculée Conception, et en 1862 pour la canonisation des martyrs japonais. Aussi Pie IX l'affectionnait d'une manière particulière. On nous a raconté qu'en 1862 le souverain pontife reçut Mgr de Vesins très-amicalement. Comme Sa Sainteté connaissait les infirmités du prélat, il le plaisanta sur sa goutte; et quand l'évêque voulut se mettre à genoux pour recevoir la bénédiction du pape, celui-ci l'en empêcha et lui dit en l'embrassant : « *Allons, mon vieux, à notre âge on ne fait pas tant de cérémonies.* » Ces mêmes infirmités avaient plusieurs fois déterminé l'évêque d'Agen à se démettre de son siége, il en écrivit à Rome; mais sa démission ne fut pas acceptée : « *il a trop bon esprit,* dit le Pape, *et il peut faire faire la visite de son diocèse par ses grands vicaires.* » Cette haute estime qu'avait pour l'évêque d'Agen le père commun des fidèles était bien justifiée par la douceur de son caractère, par sa piété évangélique, par sa haute intelligence des affaires, et surtout par son zèle à soutenir les intérêts de l'Église et du saint-siége. La mort a surpris Mgr de Vesins dans ses préparatifs pour un nouveau voyage à Rome. Parlant de la réunion des évêques qui doit avoir lieu à la fin de juin 1867, dans la ville éternelle : « *Mort ou vif*, s'écriait-il, *je veux être présent, je dois cet acte d'amour au souverain pontife.* »

Tout le diocèse d'Agen connaît le désintéressement de son évêque, et Mgr le cardinal Donnet, dans l'oraison funèbre que nous donnons plus loin, n'a garde d'oublier ce détail. Il est mort pauvre. Dieu seul connaît les aumônes abondantes que répandait ce saint prélat ; si dans sa haute position il avait pu faire des économies, elles auraient été employées à des œuvres pies. Aussi l'admiration a-t-elle été à son comble quand on a vu que le père de famille s'était complétement effacé devant l'évêque.

Citons quelques-uns des actes qui marquent dans cet épiscopat si bien rempli.

Mgr de Vesins a publié cent soixante seize lettres, mandements, ordonnances et circulaires à son clergé et à ses diocésains. Nous voudrions pouvoir analyser quelques-unes de ses instructions pastorales où respirent la foi la plus vive, la piété la plus tendre et un grand amour pour l'Église et pour les âmes. Dans l'impossibilité où nous sommes de faire cette analyse, qui figurerait mieux dans une biographie plus étendue que dans une esquisse, nous allons donner les sujets des principaux mandements publiés par le prélat.

1er SEPTEMBRE 1841. — Lettre circulaire touchant la *Direction* et la *Surveillance des travaux* à exécuter aux édifices affectés au culte paroissial.

25 NOVEMBRE 1841. — Règlement sur la *Sonnerie des cloches.*

21 JANVIER 1842. — Mandement de carême sur la *Sanctification du Dimanche.*

18 FÉVRIER 1842. — Lettre pastorale et ordonnance au sujet de l'*Établissement d'une caisse de retraite* pour subvenir aux besoins des prêtres retirés du ministère pour cause d'infirmité ou d'âge.

24 MAI 1842. — Mandement prescrivant des *Prières pour l'Église d'Espagne.*

25 AOUT 1842. — Mandement sur le *Culte de l'Immaculée-Conception.*

2 SEPTEMBRE 1842. — Ordonnance qui établit des *Archiprêtrés* dans chaque canton du diocèse.

15 SEPTEMBRE 1842. — Ordonnance qui divise le diocèse en deux *Archidiaconés*, l'un pour l'arrondissement d'Agen et de Villeneuve, l'autre pour ceux de Marmande et de Nérac.

15 FÉVRIER 1843. — Mandement de carême sur la *Morale évangélique.*

20 AVRIL 1843. — Lettre pastorale par laquelle l'évêque d'Agen rétablit dans son diocèse les *Conférences ecclésiastiques,* dont il montre les avantages.

13 AOUT 1843. — Lettre circulaire à l'occasion des *Églises monumentales.*

9 NOVEMBRE 1843. — Circulaire annonçant l'*Établissement d'une maison de missionnaires*, prêtres maristes de Lyon, qui plus tard dirigent également le grand séminaire.

6 FÉVRIER 1844. — Mandement de carême sur la *Foi catholique,* à l'occasion de l'organisation de l'œuvre la *Propagation de la foi*, et règlement pour le comité diocésain de cette œuvre.

25 JANVIER 1845. — Mandement de carême sur les *Épreuves du catholicisme en ce monde.*

6 JUIN 1845. — Circulaire condamnant avec l'archevêque de Paris le recueil périodique intitulé : le *Bien social.*

4 NOVEMBRE 1845. — Circulaire sur le *Costume du chapitre.*

15 FÉVRIER 1846. — Mandement de carême sur *Nos devoirs envers la religion dans les circonstances présentes.*

3 MAI 1846 — Circulaire sur l'*Établissement de la Miséricorde* pour les filles repenties.

19 JUIN 1846. — Mandement ordonnant des *Prières à l'occasion de la mort de Grégoire XVI* et pour l'élection de son successeur.

28 SEPTEMBRE 1846. — Circulaire sur l'*Œuvre du refuge.*

6 FÉVRIER 1847. — Mandement de carême sur le *Jubilé*, à l'occasion de l'exaltation de Pie IX.

16 AOUT 1847. — Mandement à l'occasion de l'*Encyclique* du Souverain Pontife qui demande des *Prières pour la malheureuse Irlande.*

27 FÉVRIER 1848. — Mandement de carême sur la *Sanctification de ce temps.*

27 FÉVRIER 1848. — Mandement prescrivant des *Prières* pour le peuple français à l'occasion des *Élections.*

28 MARS 1848. — Lettre circulaire à l'occasion de la *Mort de Mgr Jacoupy.*

17 NOVEMBRE 1848. — Lettre pastorale prescrivant des *Prières pour la nomination du président de la république.*

3 DÉCEMBRE 1848. — Lettre circulaire sur la *Persécution suscitée à Pie IX.*

28 DÉCEMBRE 1848. — Circulaire sur le même sujet.

8 FÉVRIER 1849. — Mandement de carême sur les *Erreurs de la philosophie antichrétienne.*

12 AVRIL 1849. — Mandement prescrivant des prières à l'occasion de l'*Encyclique* du souverain pontife, en date du 2 février 1849.

25 JANVIER 1850. — Mandement de carême sur la *Confiance en la Providence divine.*

26 AVRIL 1850. — Lettre circulaire, à l'occasion de la *Rentrée du souverain pontife à Rome.*

28 AVRIL 1850. — Circulaire relative au projet de *Restauration de Notre-Dame de Bon-Encontre.*

17 MARS 1850. — Mandement ordonnant des *Prières pour le concile provincial,* qui doit s'ouvrir à Bordeaux le 14 juillet 1850.

31 OCTOBRE 1850. — Lettre circulaire à l'occasion du *Jubilé,* 1850.

22 NOVEMBRE 1850. — Circulaire sur les *Chapelles domestiques.*

25 FÉVRIER 1851. — Mandement de carême sur l'*Ignorance en matière de religion,* principe de l'ingratitude de l'homme envers Dieu, ayant pour source la mauvaise éducation.

25 AOUT 1851. — Lettre pastorale à l'occasion d'un *Voyage à Rome.*

12 FÉVRIER 1852. — Mandement de carême sur les *Pratiques de la religion.*

22 AVRIL 1852. — Lettre pastorale sur la *Reconstruction de Notre-Dame de Bon-Encontre.*

29 JANVIER 1853. — Mandement de carême sur l'*Amour déréglé des jouissances.*

7 FÉVRIER 1854. — Mandement de carême sur la *Charité en opposition avec l'égoïsme.*

19 AVRIL 1854. — Mandement prescrivant des *Prières pour le succès de nos armes en Orient.*

24 JUIN 1854. — Mandement sur l'œuvre de la *Sanctification du dimanche.*

2 OCTOBRE 1854. — Mandement à l'occasion de l'*Encyclique* de N. S. P. le pape, en date du 1er août 1854, accordant une indulgence plénière en forme de Jubilé.

27 NOVEMBRE 1854. — Circulaire annonçant un second *Voyage à Rome.*

26 JANVIER 1855. — Mandement de carême sur le *Dogme de l'Immaculée-Conception.*

19 NOVEMBRE 1855. — Lettre sur les *Grades théologiques.*

22 NOVEMBRE 1855. — Lettre pastorale au sujet de l'*Œuvre du petit séminaire.*

18 JANVIER 1856. — Mandement de carême sur *Jésus-Christ souverain législateur.*

5 FÉVRIER 1857. — Mandement de carême sur l'*Eucharistie.*

19 MARS 1857. — Lettre sur l'organisation de l'*Œuvre de la Sainte-Enfance.*

13 JUILLET 1857. —Lettre circulaire touchant la *Restauration des Églises.*

14 JANVIER 1858. — Mandement de carême sur la publication du *Jubilé* accordé par N. S. P. le pape.

12 NOVEMBRE 1858. — Lettre pastorale pour l'*Établissement de l'Adoration perpétuelle.*

29 JANVIER 1859. — Mandement de carême sur *la Confession.*

25 JUILLET 1859. — Mandement à l'occasion de *la Paix.*

1er AOUT 1859. — Mandement annonçant l'ouverture du quatrième *Concile de la province de Bordeaux.*

29 SEPTEMBRE 1859. — Lettre circulaire communiquant au clergé une allocution du pape dans *le Consistoire* du 26 septembre.

30 JANVIER 1860. — Mandement de carême sur la *Science religieuse.*

8 FÉVRIER 1860. — Lettre circulaire communiquant au clergé l'*Encyclique* du 19 janvier.

26 JUILLET 1860. — Lettre pastorale relative aux *Evénements* qui préoccupent le monde catholique et l'Europe tout entière.

12 OCTOBRE 1860. — Circulaire sur les *Événements d'Italie.*

26 NOVEMBRE 1860. — Circulaire rapportant la *Réponse du pape* à l'adresse du clergé d'Agen.

25 JANVIER 1861. — Mandement de carême sur *le Pape.*

10 FÉVRIER 1862. — Mandement de carême sur *l'Aumône.*

22 MAI 1862. — Circulaire sur un troisième *Voyage à Rome.*

26 JUIN 1862. — Lettre sur les *Autels privilégiés.*

18 DÉCEMBRE 1862. — Mandement prescrivant une quête pour l'œuvre de la *Reconstruction de l'Église Saint-Martin à Tours.*

3 FÉVRIER 1863. — Mandement de carême sur les *Combats de l'homme pendant la vie.*

12 JANVIER 1864. — Mandement de carême sur les *Mauvaises lectures.*

9 AVRIL 1864. — Lettre sur le *Denier de Saint-Pierre.*

4 FÉVRIER 1865. — Mandement de carême sur le *Vrai bonheur.*

27 JANVIER 1866. —Mandement de carême sur les *Grandes vérités de la foi.*

28 NOVEMBRE 1866. — Mandement ordonnant des *Prières pour l'Église et le souverain pontife.*

16 FÉVRIER 1867. — Mandement de carême sur *la Prière.*

Ce simple exposé suffit pour juger du zèle de Mgr de Vesins, qui avait assisté à quatre conciles provinciaux : à Bordeaux en 1850, à la Rochelle en 1853, à Périgueux en 1856, et, en 1859, à Agen, où il prononça une remarquable allocution. Il avait présidé trois synodes diocésains, avait terminé la magnifique chapelle de Notre-Dame de Bon-Encontre, qui fut consacrée en 1859 par les pères du concile d'Agen, et favorisé l'établissement du Carmel, au coteau des Carmes, que nous avons voulu nous-même visiter.

Mgr de Vesins fut nommé chevalier de la Légion d'honneur le 6 octobre 1852, et officier le 12 août 1864.

En 1860, Mgr d'Agen vint au château de Vesins pour visiter sa sœur malade; sur la demande du vénéré pasteur de la paroisse, il promit de revenir l'année suivante pour assister à la bénédiction de l'église de Vesins récemment reconstruite. Il procéda, en effet, en 1861, à la bénédiction, et Mgr Delalle, évêque de Rodez, porta la parole en cette circonstance. Les deux prélats, à cette occasion, nommèrent chanoine honoraire de leurs cathédrales M. Loubière, curé actuel de Vesins. En 1864, l'évêque d'Agen fit une dernière visite au château de ses pères, pour bénir l'union de M. Élie de Vesins avec la fille de M. le marquis. On aime encore à se souvenir à Vesins de ces visites du bon évêque.

Tel fut cet épiscopat fécond en charité et en bonnes œuvres. Il nous reste à parler des derniers moments de ce vénérable prélat, de sa longue agonie, de sa mort et de ses funérailles ; c'est par là que nous terminerons cette courte notice.

III

Maladie de Mgr de Vesins; — ses derniers moments; — sa mort; — ses funérailles.

Mgr de Vesins fut frappé d'apoplexie, le dimanche 7 avril, en revenant de sa cathédrale, où il avait assisté aux offices du soir et le lendemain d'une ordination. La population d'Agen était heureuse de voir son premier pasteur, et lui-même se réjouissait du rétablissement rapide de sa santé, qui allait lui permettre de se livrer aux fonctions du saint ministère. Mais Dieu en disposa autrement ; son serviteur était sans doute mûr pour le ciel.

On nous a communiqué les détails les plus touchants sur cette longue agonie de quatre jours. Nous ne voudrions point passer sous silence le dévouement si affectueux de MM. Bordes, vicaire général, et Mouran, secrétaire de l'évêché, dévouement qui s'était manifesté pendant la vie du prélat et qui ne s'est pas démenti à l'heure suprême. Ils étaient là abîmés par la douleur et ne se sont presque pas séparés un seul instant de leur évêque sur son lit de mort. Mgr de Vesins put se faire comprendre par signes à son confesseur et reçut trois fois l'absolution en parfaite connaissance. Aux pieuses exhortations qui lui étaient faites, il répondait soit en faisant le signe de la croix, soit en baisant dévotement son chapelet. C'est M. le vicaire général Bordes qui donna au moribond le sacrement de l'extrême-onction, le lundi 8 avril, en récitant les prières d'une voix entrecoupée de sanglots. M. Manec, second vicaire général, était alors retenu sur un lit de douleur, par un rhumatisme aigu : cependant le mardi, à cinq heures du soir, il voulut voir son évêque, se fit transporter à l'évêché et vint répandre des larmes sur ce père si aimé dont il pressait et baisait affectueusement les mains.

Que dire de l'admirable famille du pontife défunt ? La tendresse et la piété filiale de M. le comte de Vesins, de M. le préfet de Seine et Marne, de M. Ladislas de Vesins, sont au-dessus de tout éloge. La force et la constance de Mme la comtesse de Vesins, au milieu de tant de tristesses, rappelaient les vertus de la femme forte de l'Évangile ; la sœur du prélat, par son attitude, était comme Marie au pied de la croix ; et sa digne fille, Mlle Alix de Vesins, après s'être évanouie dans sa douleur, eut le courage de venir, le dimanche soir et le lundi matin, faire la recommandation de l'âme à son père.

Le même jour, 8 avril, vers une heure de l'après-midi, après une crise qui paraissait s'annoncer comme la dernière, un des ecclésiastiques présents fit quelques questions au mourant pour voir s'il comprenait encore.

— Monseigneur, un de vos petits-fils, M. Charles, vous écrit pour se recommander aux prières de Votre Grandeur et lui demander sa bénédiction. Veuillez le bénir, Monseigneur.

Et aussitôt le pieux évêque leva la main, et donna la bénédiction demandée.

— Monseigneur, puisque vous me comprenez, veuillez encore bénir votre famille, vos prêtres, votre diocèse, vos maisons d'éducation, vos communautés, votre petit séminaire, votre grand séminaire...

Monseigneur leva la main, bénit d'une manière très-distincte et sa main s'affaissa en terminant le signe de la croix. Aux textes de l'Écriture qu'on lui citait, il répondait par un signe de croix ou en baisant son chapelet.

— Vous avez toujours beaucoup aimé l'Église et le souverain pontife, Monseigneur, continua le prêtre, quand arriva la bénédiction de Sa Sainteté : mais aussi le souverain pontife vous affectionne d'une manière toute spéciale ; en ce moment il prie pour vous et vous envoie sa bénédiction (1).

Aussitôt son visage s'illumina, un sourire, le seul sourire observé dans sa maladie, effleura ses lèvres, et l'assistance, composée d'une vingtaine de personnes, poussa un cri d'admiration.

Tout entier aux choses de Dieu et à son éternité, Mgr de Vesins ne parut vouloir s'occuper que des intérêts de son âme. Il est remarquable en effet que le pieux évêque, qui fit des signes nombreux attestant la lucidité de ses idées, ne sortit pas de la sphère religieuse et ne répondit point quand il s'agit de sa santé ou des siens, sauf pour bénir cette famille qui a fait preuve d'une résignation admirable. Cet acte de vertu héroïque n'étonnera pas ceux qui ont pu pénétrer un peu avant dans cette âme si fortement trempée.

Mais le mal fit de rapides progrès, malgré les soins empressés et le dévouement du jeune docteur de Gauléjac, qui ne quitta presque pas l'auguste malade et qui lui donna les secours les plus intelligents. Le moment de sa mort fut solennel. La famille était là tout entière ; monseigneur était haletant ; les prières des agonisants se disaient au milieu des sanglots de l'assistance... Il rendit sans effort sa belle âme à Dieu, le jeudi 11 avril, fête de saint Léon le Grand, vers six heures du soir.

Cette mort fut un deuil pour tout le diocèse. Le chapitre d'Agen et la famille de Vesins reçurent de nombreuses lettres de condoléance, notamment des prélats de Besançon, de Poitiers, d'Angoulême qui manifestaient les regrets les plus sincères et exprimaient pour le prélat la plus haute estime.

A peine Mgr de Vesins eut-il rendu le dernier soupir que le chapitre de l'église d'Agen, voulant continuer son œuvre autant que possible, confia le gouvernement du diocèse à MM. Bordes et Manec, vicaires généraux, et leur adjoignit MM. Mouran, secrétaire général, et Deyche, doyen du chapitre. La lettre qui porte cette nomination et qui fut adressée au clergé et aux fidèles, le 12 avril 1867, s'exprime ainsi :

« Nos très-chers Frères, la dernière lettre-circulaire de M. l'abbé

(1) Le souverain pontife apprit la mort de Mgr de Vesins le mercredi saint. Ce jour-là, il reçut en audience particulière un prêtre du diocèse d'Agen :

« Oh ! vous êtes d'Agen ! Eh bien, je vous annonce une douloureuse nouvelle : je « viens d'apprendre la mort de votre évêque, dit Sa Sainteté ; je l'aimais beau- « coup, car je savais quels étaient ses sentiments. . . »

« Bordes vous avait préparés à la douloureuse nouvelle que nous « avons mission de porter aujourd'hui à votre connaissance.

« Notre bien-aimé pontife, monseigneur de Vesins, a rendu hier « au soir sa belle âme à Dieu, après quatre longs jours d'agonie.

« Le clergé de la ville et les fidèles se sont succédé, sans interrup- « tion, autour de son lit de souffrances, pour contempler une dernière « fois les traits si éminemment pieux de leur pontife et père. Ceux- « là pourraient vous dire, nos très-chers frères, l'expression indé- « finissable de bonheur qui a transpiré dans le visage du prélat, à « l'annonce de la dépêche de Rome, lui apportant la suprême béné- « diction de Sa Sainteté Pie IX.

« Puisse l'unanimité de nos regrets adoucir le grand deuil qui « s'est fait dans l'âme d'une famille, encore plus noble par sa chré- « tienne résignation que par tous les titres qui la distinguent!

« Il nous reste maintenant, N. T.-C. F., un double devoir à rem- « plir, celui de vous notifier l'élection que nous avons faite, afin de « pourvoir à l'administration diocésaine pendant le temps de la « vacance du siége, et celui de vous associer à nos prières... »

Les funérailles de Mgr de Vesins eurent lieu à Agen, le mardi 16 avril, à dix heures du matin, avec une pompe et un éclat qui témoignent de la profonde impression causée par la mort du vénérable prélat.

La cérémonie fut présidée par Mgr Donnet, cardinal archevêque de Bordeaux. Mgr Delamare, archevêque d'Auch; Mgr Cousseau, évêque d'Angoulême; Mgr Épivent, évêque d'Aire et de Dax; Mgr Dabert, évêque de Périgueux et Sarlat; Mgr Grimardias, évêque de Cahors, vinrent également rendre les derniers devoirs à l'illustre défunt.

Plus de cent cinquante curés des diverses paroisses du diocèse étaient présents. Le deuil était conduit par les trois fils du prélat.

Les pères maristes de Notre-Dame de Verdelais s'étaient fait représenter par un des leurs, en témoignage de vénération reconnaissante pour Mgr de Vesins, ami et visiteur fidèle de leur pieux sanctuaire.

Le cortége, après la levée du corps, se mit en marche au son de toutes les cloches des églises et chapelles de la ville. Sur tout son parcours se pressait une foule émue et recueillie. Les honneurs militaires étaient rendus par la compagnie des sapeurs pompiers, un piquet de troupe de ligne, la gendarmerie et les cavaliers de la remonte.

La procession présentait un déploiement considérable. Elle était composée des confréries de femmes, des religieuses des différentes communautés, des enfants des écoles chrétiennes, des députations des sociétés de bienfaisance, du lycée et de l'école Saint-Caprais, des croix des paroisses de la ville, de la croix du chapitre, des frères des écoles chrétiennes, des RR. PP. carmes, des prêtres en surplis et en mosette, du chapitre et de NN. SS. les évêques.

En avant du drap mortuaire, marchait S. E. Mgr le cardinal archevêque de Bordeaux.

Les coins du drap mortuaire étaient tenus par M. le général de brigade Ressaire, commandant le département; M. Sigaudy, procureur général; M. Capot de Barrastin, président du tribunal civil; M. Massias, président du tribunal de commerce; M. Bacciochi, secrétaire général de la préfecture, et M. Lérou, premier adjoint.

M. Féart, préfet de Lot et Garonne, et M. Noubel, maire et député d'Agen, revenus de Paris pour assister à la triste cérémonie, descendaient de wagon au moment où le cortége quittait le palais épiscopal et ne purent le rejoindre que vers le milieu de son parcours.

Sur le cercueil, que portait le char funèbre, avaient été déposés les insignes épiscopaux de l'illustre défunt, sa croix d'officier de la Légion-d'honneur et ses armoiries.

Derrière le char s'avançaient M. le vicaire général *Bordes* et M. le chanoine *Mouran*, secrétaire général de l'évêché, puis la nombreuse famille de Mgr de Vesins, dont l'attitude noble et résignée remua tous les cœurs.

On remarquait ensuite une députation de la cour en robes, conduite par M. le président de chambre Imberdis; une députation du tribunal de première instance; M. le procureur impérial; MM. les greffiers et juges de paix; MM. les membres du tribunal de commerce; MM. les sous-préfets de Villeneuve et de Nérac en costume officiel; une députation du conseil municipal d'Agen, ayant à sa tête M. de Laffore, second adjoint; MM. les officiers de la garnison ; M. Couturier, inspecteur des ponts-et-chaussées ; MM. les ingénieurs en chef Lacroix, Joly et de Laffore ; M. l'inspecteur d'académie en robe, ainsi que M. le proviseur et MM. les professeurs du lycée ; les représentants des diverses administrations en uniforme ; plusieurs membres de la cour en habit de ville ; les délégués des sociétés savantes et un grand nombre d'amis du prélat et de personnes dévouées à sa mémoire.

Pendant la marche, la Fanfare agenaise exécuta plusieurs morceaux funèbres.

L'église cathédrale avait été tendue de noir.

L'office divin fut célébré par S. E. Mgr *Donnet,* ayant pour archidiacre M. Gignoux, son premier grand vicaire, et l'absoute fut donnée par tous les évêques présents.

Avant les dernières prières, Mgr *Donnet* monta en chaire pour retracer les vertus du prélat que pleure le diocèse d'Agen. Son Éminence a bien voulu nous autoriser à reproduire cet éloquent éloge funèbre, que nous sommes heureux de faire figurer dans cette esquisse.

Le spectacle de cette grande et douloureuse cérémonie, le souvenir de cette parole émue autant qu'inspirée, vivront longtemps au sein de la population agenaise.

Il était deux heures lorsque fut achevé le service funèbre.

La cérémonie officielle était terminée ; mais il restait à conduire les précieux restes à Notre-Dame de Bon-Encontre, selon le vœu exprès de Mgr de Vesins.

Cette seconde cérémonie, moins grandiose que la première, fut peut-être plus touchante encore.

A trois heures et demie, MM. les membres du chapitre, le clergé de la ville, la famille du prélat, M. le préfet, M. le général, M. le maire, M. le président du tribunal, plusieurs membres de la cour formèrent un nouveau cortége, qui accompagna jusqu'au champ du repos les illustres dépouilles.

Comme le matin, les sapeurs pompiers, la troupe de ligne, la gendarmerie et un détachement de cavaliers de remonte formaient l'escorte.

Sur toute la route d'Agen à Notre-Dame, des flots de population étaient accourus des environs. Les maisons du village de Notre-Dame portaient des signes de deuil. M. le maire et le conseil municipal vinrent recevoir le cortége aux limites de la commune.

Un service fut célébré dans l'église, magnifiquement ornée pour la triste solennité; puis, au milieu d'une foule immense et attendrie, le cercueil fut transporté au cimetière et déposé dans un caveau.

C'est là que reposera désormais le pieux et excellent évêque, dont le regret est dans tous les cœurs, dont le souvenir restera impérissable.

Mgr de Vesins est le soixante-quinzième pontife qui a occupé le siége d'Agen. Dans cette longue série, la voix de la justice et celle de la reconnaissance lui ont déjà assigné son rang parmi ceux qui ont gouverné avec plus de sagesse, qui ont fait plus de choses utiles et qui laissent une mémoire plus chère et plus vénérée. La bonté qui lui était naturelle, la foi et la piété qui l'animaient, le zèle pour les fonctions sacrées de sa charge, le dévouement à l'Église, l'amour de son diocèse lui forment une auréole qui ressemble à celle des saints. Nous ne sommes ici qu'un bien faible et bien lointain écho de la vénération et du respect populaires, et nous souhaitons bien sincèrement qu'il nous soit souvent donné de contempler des vertus aussi pures et des vies aussi bien remplies.

Le village de Notre-Dame de Bon-Encontre a le droit d'être fier de posséder cette tombe, où dort, dans la paix éternelle, un des plus fervents confesseurs de la foi catholique ; et la perte de ce successeur de saint Caprais et de saint Phœbade a été vivement ressentie, comme elle l'est à Agen, par l'épiscopat français, si unanime dans son attachement au chef de la catholicité.

Pieux évêque, vous voilà selon votre désir aux pieds de la Madone de N. D. de Bon-Encontre, dans cette église qui est votre ouvrage; vous y recueillerez pendant la suite des siècles les bénédictions et les prières des pèlerins qui viendront s'agenouiller sur votre tombe, et qui, en invoquant Marie, se souviendront de ce que vous avez fait pour elle et pour eux. Reposez en paix : bénissez votre diocèse; et obtenez à tous vos diocésains, et à celui qui a écrit ces lignes, la grâce d'aimer comme vous la très-sainte vierge mère de Dieu ! ! !

IV

Éloge funèbre de Mgr de Vesins par Mgr le cardinal-archevêque de Bordeaux, son métropolitain.

MESSEIGNEURS (1),

Notre bien-aimé et vénéré collègue vient, après quatre jours d'une agonie saintement traversée, de s'endormir dans le Seigneur et de porter à son tribunal une vie laborieuse, pleine de mérites et digne d'un pontife qui a pu s'écrier à son dernier moment : *Bonum certamen certavi, cursum consummavi, fidem servavi.* Quelle différence, habitants d'Agen, entre la cérémonie de ce jour et les solennités qui nous amenèrent ici pour l'installation de votre évêque, en 1841, et pour la célébration du concile provincial, en 1859. Alors tous les visages étaient rayonnants, nous marchions sous les arcs de triomphe qu'avait élevés votre esprit de foi si connu. Une immense procession, à chacune de ces deux époques, se déroulait au milieu d'une haie de gracieux arbustes reliés entre eux par une chaîne de guirlandes qui semblait enserrer la cité tout entière. C'était partout un hosanna dont l'écho retentit encore à nos oreilles ! Et voilà que des gémissements et de funèbres tentures ont remplacé les chants d'allégresse et les ornements du triomphe ! Fut-il plus douloureux accomplissement de cette parole du prophète : *Defecit gaudium cordis nostri, versus est in luctum chorus noster.* Celui qui était l'objet de ces premières ovations et qui avait préparé une réception si digne à ses collègues de la province de Bordeaux, va dormir aujourd'hui son dernier sommeil dans ce sanctuaire de Bon-Encontre, où nous ne pensions pas bénir sa tombe, quand nous consacrions le nouvel édifice qu'il élevait à la reine des cieux.

Pour nous, qui venons, à la voix du respectable chapitre et d'une famille qui nous est chère depuis longtemps, présider à cette lugubre cérémonie, sommes-nous donc destiné à ne plus voir se tarir la source de nos larmes ! Des plaies, dont plusieurs encore saignantes, nous déchirent le cœur, car nous avons rempli le même devoir, depuis 1837, à l'égard de NN. SS. de Montblanc, archevêque de Tours ; Mioland, de Toulouse ; Caballeros, de Saragosse ; Menjaud, de Bourges; de Bouillé et Guitton, de Poitiers; Guigou, d'Angoulême ; Soyer, de Luçon ; Jacoupy, d'Agen ; de Sauzin, de Blois ; Savy et Hiraboure, d'Aire ; Dupuch, d'Alger ; Dufêtre, de Nevers ;

(1) NN. SS. Delamarre, archevêque d'Auch; Cousseau, évêque d'Angoulême; Épivent, d'Aire et de Dax; Dabert, de Périgueux et Sarlat ; Grimardias, de Cahors.

Georges Massonais et Baudry, de Périgueux. Et voilà qu'un nouveau deuil ajoute à l'amertume dont notre âme est inondée. Pontifes vénérables, accourus avec tant d'empressement, et vous tous, anciens amis de celui que nous pleurons, daignez écouter une parole que nous regrettons de n'avoir pu mieux préparer, puisque hier encore nous étions en visite pastorale à l'une des extrémités de notre diocèse. Nous ne pouvons vous apporter que le tribut de vénération et d'amour d'un collègue, d'un ami, d'un vieillard qui vient soulager sa propre douleur en partageant la vôtre. Pour répondre à vos désirs autant que nos forces nous le permettront, sans cependant sortir de la pensée renfermée dans notre texte, nous vous montrerons M. de Vesins homme du monde, prêtre, évêque, combattant dans ces diverses positions les véritables combats du Seigneur, et n'ayant plus qu'à recevoir du juste Juge la couronne de justice : *Bonum certamen certavi, cursum consummavi, fidem servavi; in reliquo reposita est mihi corona justitiæ quam reddet mihi justus Judex.* Ces trois mots résument M. Jean-Aimé de Levezou de Vesins, évêque de ce diocèse.

I

Laissez-moi, N. T.-C. F., entrer en matière en vous faisant part d'une lettre qui ne me disait pas tout votre malheur, mais qui le faisait trop pressentir : « Notre cher père, ce saint évêque que vous aimez est bien mal, m'écrivait un des membres de la famile du prélat. Je sais que la nouvelle de ce douloureux état a déjà été donnée à Votre Éminence. J'ai à cœur de m'entretenir avec elle de sa déchirante aggravation. Dieu seul peut nous rendre une vie si précieuse à sa double famille, et pourtant chaque heure apporte son effroi. Priez avec nous, Monseigneur, pour notre père et pour votre ami. Il a été frappé à mort le jour de sa résurrection, c'est-à-dire que, se trouvant mieux hier dimanche, il a agi comme s'il allait bien et a rempli avec le zèle des jours de santé tous les devoirs imposés par son ministère. Il ne s'est, hélas! montré à ses ouailles que pour s'en faire regretter davantage, et, frappé de paralysie en rentrant dans son appartement, il est là, depuis trois jours, tout prêt à nous quitter, et supportant avec une admirable patience les derniers efforts d'une agonie qui touche à son terme. »

Une chose que je tiens en débutant à vous faire remarquer, N. T.-C. F., c'est que depuis le Concordat, c'est-à-dire, depuis le commencement de ce siècle, par un privilége unique, puisque, à part Lyon, Bordeaux, Cambrai et Arras, qui sont à leur troisième pontife, tous les autres diocèses, moins Clermont et Ajaccio, ont déjà compté quatre, cinq, jusqu'à dix évêques, l'Église d'Agen n'a pleuré que deux fois encore sur son premier pasteur; et chaque fois j'ai eu ma part d'amertume et de douleur.

Pressé par le temps, je dois passer, bien qu'à regret, sur la longue suite des aïeux de votre pontife, qui servirent l'Église et l'État, et qui poussèrent la fidélité jusqu'à l'héroïsme de la prison, de l'exil, de l'échafaud. C'est sous les verroux que votre digne évêque reçut le jour d'une mère qu'il suffirait de nommer pour rappeler ce que la foi a de plus généreux et la piété de plus tendre. La déclaration qu'elle fit à des juges cruels, qu'elle allait devenir mère, ne put les attendrir. « Il n'y a pas grand mal que le lionceau que tu portes dans ton sein périsse avec toi. » Ce fut la réponse de l'homme impitoyable qui ne savait pas que le lionceau qu'il vouait à la mort serait l'ange de douceur, peut-être l'instrument dont Dieu se servirait pour lui obtenir miséricorde.

Il y a dans la vie humaine des choses mystérieuses que ne soupçonne point la sagesse d'ici-bas. Celle-ci, même aidée des lumières surnaturelles, ne les aperçoit d'ordinaire qu'à mesure que le temps déroule les diverses phases de notre existence.

Uni bien jeune à une épouse distinguée à tous égards, M. de Vesins eut quatre fils et une fille. Nommé conseiller de préfecture à Montauban, puis sous-préfet de Milhau, son pays natal, il resta veuf en 1826. Ordonné prêtre en 1836, sa première fonction ecclésiastique fut la bénédiction nuptiale donnée en Lorraine à son fils aîné, qui épousait une des filles du maréchal Oudinot.

Son second fils administre aujourd'hui avec une grande sagesse le département de Seine et Marne. Le troisième, capitaine d'artillerie, a reçu la croix d'officier de la Légion d'honneur au siége de Puebla. Le quatrième, qui manifestait des dispositions pour l'état ecclésiastique, est mort à quinze ans dans un petit séminaire. Sa fille unique, qui ne l'a jamais quitté, a été l'ange de son foyer domestique; elle est ici, abîmée dans sa douleur, à côté de ses frères et de celle qui pendant si longtemps leur a servi de mère.

Ce serait le cas de vous montrer M. de Vesins sous les traits d'un beau jeune homme, d'un châtelain, combattant dans le monde les combats du Seigneur. *Bonum certamen certavi.* Nous vous rappellerions qu'il fut dans les fonctions civiles ce qu'il a été plus tard dans l'accomplissement des devoirs du saint ministère, nous dirions les exemples de foi et de générosité qu'il sut placer sous les yeux de ses enfants, de ses administrés. Chrétien pratique dans toute l'acception du mot, il n'apparaissait pas le dimanche seulement au pied des autels ; mais tous les matins, à Vesins comme à Montauban, il assistait à l'auguste sacrifice, visitait les pauvres, communiait fréquemment, et ne se montrait dans la société qu'avec cette fleur de politesse, cette aménité, cet oubli de soi, ces prévenances, ce tact, qui deviennent plus rares chaque jour.

Un homme du monde, fût-il zélé jusqu'au prosélytisme, peut faire un bien immense, car on ne saurait lui reprocher, comme à nous, d'agir par préjugés d'état et d'éducation. Aussi quels souvenirs n'a-t-on pas gardés à Castres-sur-Garonne, à Montauban, à Milhau, du gentilhomme, du chrétien fervent, de l'administrateur intègre qui, partout, a montré ce qu'est un homme de foi et de courage! *Bonum certamen certavi*, *fidem servavi*.

II

Ce fut en 1837 que j'appelai à Bordeaux le nouveau prêtre pour remplacer près de moi M. l'abbé Barès, successivement grand vicaire de NN. SS. d'Aviau et de Cheverus, et ancien sous-préfet dans la Haute-Loire.

Dès ce moment a commencé entre nous cette liaison qui semblait avoir toute la force, toute la douceur des liens du sang. Abrités sous le même toit, exerçant le même ministère, étant à peu près du même âge, nous ne faisions qu'un cœur et qu'une âme; il semblait que la mort seule pourrait nous séparer. Mais le bien de l'Église, le salut d'un diocèse qu'un vieillard consciencieux et jadis confesseur de la foi (1) mettait entre mes mains, après un épiscopat de près de quarante ans, m'imposèrent un douloureux sacrifice. *Cursum consummavi*.

En cherchant dans les écrits des saints pontifes dont l'amitié a subi les mêmes épreuves, les considérations qui avaient adouci l'amertume de leurs peines, j'ai entendu ces âmes si viriles, si étroitement unies à Dieu, confesser que leur cœur avait saigné en ces tristes occurences. Elles m'ont appris que, malgré leur entière résignation, elles avaient cherché un allégement à leur douleur en l'épanchant dans le sein de ceux qui la partageaient. Ainsi ont agi les Ambroise, les Grégoire de Nazianze, les Grégoire de Nysse, les Paulin de Bordeaux, les Phœbade d'Agen, les Bernard (2) et bien d'autres illustres serviteurs de Dieu. Ils pleuraient leurs amis, ils se plaignaient de ce que la mort, en leur enlevant un collègue, un

(1) Mgr Jacoupy.

(2) S. Ambrosii, De excessu fratris sui. — S. P. N. Gregorii, in Cæsarium fratrem, or. fun. — Gregorii Nys., Vita S. Macrinæ, virg. — Opera S. Paulini. — S. Bernard., in Cantica. Sermo XXVI, de Obitu fratris sui Gerardi.

frère, les avait privés de l'édification de ses exemples, de la sagesse de ses conseils, des affectueuses sollicitudes de sa charité; et tous les motifs de leurs regrets étaient autant d'éloges des mérites du défunt. Si les regards, en s'abaissant vers la tombe, se voilaient de larmes, l'espérance les relevait vers le ciel et versait dans les âmes d'ineffables consolations. Autorisé par de tels exemples, je puis révéler ma douleur devant vous, évêques, prêtres et fidèles; nous nous consolerons mutuellement.

Jamais, depuis le jour où je lui imposai les mains, en 1841, dans cette église métropolitaine, où l'on aimait à le voir prier dans une attitude toute céleste, jamais, dis-je, vie épiscopale n'a été plus saintement remplie, jamais pasteur n'a plus fidèlement enseigné son peuple par la parole et par l'exemple, jamais pontife n'a gardé plus religieusement les traditions saintes, n'a été plus profondément dévoué à l'Église et à son auguste chef.

Voulant tout d'abord connaître ses ouailles, il se met à parcourir son diocèse dans tous les sens; il s'établit en véritable missionnaire dans les principales localités, prêchant lui-même matin et soir, passant une partie des nuits au saint tribunal. Il était beau de le voir, lui jadis livré à des fonctions toutes civiles, administrateur distingué d'un grand arrondissement, devenu tout à coup l'évangélisateur des campagnes. Qu'il était admirable, un catéchisme à la main, s'assurant par lui-même de la manière dont ses coopérateurs instruisaient l'enfance confiée à leur sollicitude pastorale! On aimait à le voir, apprenant à la génération présente ce qu'il apprit à la génération passée, ce qu'il était disposé à redire avec le même zèle à la génération future.

M. de Vesins n'appelait jamais les fidèles d'une paroisse dans une autre pour y recevoir la confirmation. Les plus modestes villages étaient flattés de voir l'évêque arriver jusqu'à eux, les autorités locales en étaient touchées et accordaient au chef du diocèse, pour la restauration des églises, la construction des presbytères et des écoles, la destruction des abus, ce qu'il aurait vainement réclamé par des lettres officielles. Le bon évêque, d'ailleurs, aussi longtemps que ses forces l'ont permis, prêchait toujours lui-même. Il se renouvelait, en quelque sorte, dans la chaire de chaque église et présentait, sous divers aspects, la parole sainte, une et immuable. Le véritable apôtre diversifie, non pas son enseignement, mais son langage, suivant les temps et les personnes. C'est un peu plus de fatigue pour un évêque, mais M. de Vesins ne croyait pas que la visite pastorale pût atteindre son but à une autre condition.

A sa voix, toutes les ténèbres se dissipent, le jeune homme apprend à commander à ses passions, le père de famille à veiller sur ses enfants, le serviteur à être fidèle, les époux à garder leurs serments, le pauvre à bénir la providence, tous apprennent à connaître Jésus-Christ, à le servir et à l'aimer. Eh bien! N. T.-C. F., à la place de ce ministère touchant de vos évêques et de vos prêtres, députez vers nos campagnes un libre penseur; s'il est athée, s'il est matérialiste, s'il est sceptique, qu'enseignera-t-il? Que la religion est une invention humaine, que la morale est indépendante de tout dogme révélé, qu'il n'y a aucune différence entre le vice et la vertu, que Dieu ne se mêle pas des affaires de ce monde, qu'il n'existe pas, que nous ne sommes nous-mêmes qu'une portion de matière organisée, et que tout va se perdre et s'engloutir dans le néant, ou, pour s'expliquer plus clairement, que, quand nous sommes morts, tout est mort. Belles leçons pour adoucir l'amertume du cœur qui souffre et pour essuyer les larmes du pauvre et de l'innocent opprimés!

Personne, N. T.-C. F., n'a oublié que, dans le cours de ses visites pastorales, M. de Vesins portait son attention sur les écoles, où se trouvaient trop souvent pêle-mêle, dans un même local, les jeunes filles et les petits garçons de vos villages. Aussi envoya-t-il presque partout, pour former les jeunes filles, de pieuses institutrices vouées à l'étude, à l'abnégation, à la simplicité, et pourvues d'un savoir qu'attestent *ces lettres d'obédience*, qui, quoi qu'on en dise, sont loin d'être un brevet d'ignorance, un diplôme d'obscurantisme.

Mais la vigne à cultiver par un évêque est immense : il faut des ouvriers de tous les jours, de toutes les heures. Aussi votre pontife appelle-t-il du dehors des auxiliaires studieux et habiles dans le ministère de la parole. Ce sont les enfants de sainte Thérèse, dont le monastère et la belle église dominent la ville épiscopale; ce sont les Maristes de Bon-Encontre, qui deviennent les évangélisateurs des cités et des campagnes, les maîtres éclairés de la tribu sacerdotale. Chaque fondation vient en son temps, au moment voulu, et toutes ces forces rassemblées impriment au diocèse un admirable élan vers le bien.

D'autres besoins appellent en même temps son attention.

Son cœur a gémi sur la pauvreté d'un grand nombre d'églises. Comment faire, quand dans une paroisse la population est peu considérable, la bonne volonté plus que douteuse? Le bon pasteur ne se décourage pas, il appelle près de lui des âmes d'élite, qui sauront bientôt procurer aux églises pauvres ce qui est nécessaire pour que le Dieu de l'Eucharistie, l'Emmanuel qui veut établir sa demeure parmi nous, ne souffre pas d'une indigence qui ne convient pas à sa gloire !

A côté de cette œuvre grandit parallèlement une autre institution non moins utile, celle des *Mères de famille.* Dieu sait combien de douleurs ont été adoucies, de larmes séchées ! Bien souvent des secours inespérés sont venus discrètement consoler des infortunes qui n'osaient pas recourir à la bienfaisance publique.

Agen n'était pas encore revenu à la liturgie romaine, qui a toujours été celle de sa métropole, M. de Vesins s'empresse d'en ordonner l'adoption. Lui-même veille, avec un soin scrupuleux, à l'observation des saintes règles, et, conformément aux prescriptions du concile de 1850, il parvient à intéresser les fidèles à tous nos offices en les habituant à chanter à deux chœurs la messe et les vêpres.

Mais tout cela n'est que l'extérieur... Il veut que Celui dont il est le ministre soit dignement honoré dans le sacrement qui est plus encore le prodige de son amour que de sa puissance. Dès lors, dans une lettre pastorale, remarquable à tous égards, il insiste sur les honneurs dus à l'adorable Eucharistie. Il rappelle, conformément aux prescriptions de la sacrée congrégation des Rites, qu'une lampe doit brûler nuit et jour devant le tabernacle ; il règle tout ce qui concerne le binage, les processions, les bénédictions. Il cherche à donner une grande extension à l'Adoration perpétuelle, établie aujourd'hui dans presque tous les diocèses, et que je regarde dans le mien comme une cause de renouvellement pour la foi, comme la source des grâces les plus abondantes.

III

Et maintenant, N. T.-C. F., que votre évêque a terminé sa course, *cursum consummavi*, maintenant qu'il touche au terme d'une carrière si bien remplie, n'est-il pas permis de se demander où il puisait cette constance dans le bien ? sinon dans son esprit de foi, *fidem servavi.*

M. de Vesins était, avant tout, un homme pieux. Cette piété, il l'avait sucée avec le lait de sa mère, il l'avait gardée dans son adolescence, dans l'âge mûr, dans les fonctions civiles, partout, et quand l'onction pontificale eut touché son front, elle lui inspira ces idées tout évangéliques qui le rendaient sévère pour lui-même, indulgent pour les autres. On admirait cette vie si bien réglée qui double le temps et permet de faire marcher de front tant de choses. De là ces conseils qu'il ne refusait à personne, ces services qu'il rendait avec tant de tact, de délicatesse et de persévérance. Auprès de lui on sentait toujours qu'on était près d'un père et d'un évêque. De là encore cette assiduité au travail, ces prières prolongées, ces prédications fréquentes, ces visites des hôpitaux et des séminaires, les pratiques de piété, d'humilité que le monde traite quelquefois de minuties et qui, cependant, sont les gardiennes de la foi, *fidem servavi.*

J'ai pensé, N. T.-C. F., que le simple et fidèle récit d'une vie qui m'est si bien connue vaudrait mieux que tous les panégyriques. Ma tâche est finie. Ai-je besoin d'attirer plus d'intérêt sur une vie chère à l'Église, à ce diocèse et à la noble famille à qui il laisse pour héritage, non de l'or et des domaines, mais la gloire d'avoir eu pour père un des hommes les plus justement considérés, un des évêques les plus dévoués à l'Église et au pays. « Je mourrai pauvre, a-t-il déclaré dans son testament ; si, dans ma haute position, j'avais pu faire des économies, elles auraient été employées à des œuvres pies. » On tombe à genoux devant des volontés suprêmes ainsi exprimées. Dieu a retiré M. de Vesins de ce monde avant l'heure des nouvelles épreuves qui pourraient être réservées au chef auguste de la chrétienté. — Admirons ses desseins miséricordieux! Depuis quelques années, le saint prélat s'oubliait lui-même, pour ne penser qu'au pontife qui l'avait accueilli avec tant d'égards, à la grande manifestation de 1862. Dans la dernière entrevue que nous eûmes ensemble, M. de Vesins ne put me parler d'autre chose que des événements dont l'Italie était alors le théâtre ; et pourquoi ne pas rappeler ici quelques-unes de ses réflexions si judicieuses sur ce sujet. « Le monde est injuste à l'égard des évêques, me disait-il, quand « il se formalise de les voir défendre les intérêts les plus sacrés des « peuples. Si nous devons rester étrangers aux luttes des partis, « nous ne pouvons pas hésiter à proclamer les grands principes sur « lesquels repose la tranquillité des empires. »

Ce serait peut-être le cas, N. T.-C. F., de répondre au reproche d'ingratitude que certains publicistes adressent au clergé. M. de Vesins, nous ne craignons pas de le rappeler ici, a été du nombre des évêques qui ont donné au gouvernement, et dans ses lettres pastorales et dans toute sa conduite, des preuves de l'esprit français et de la modération évangélique dont il était animé. Pourquoi ne dirions-nous pas, avec la même liberté de langage, qu'il eût été capable de donner sa vie plutôt que de transiger avec sa conscience? N'est-ce pas le témoignage que lui ont rendu tous les administrateurs avec lesquels il était en relation depuis un quart de siècle?

L'empressement avec lequel, vous M. le Préfet, et vous, M. le Maire, êtes accourus ce matin de la capitale pour payer un dernier tribut à votre évêque, a singulièrement touché la bonne population agenaise.

Et maintenant, pieux prélat, qui reposez au sein de Dieu, loin des orages et des tempêtes, vous connaissez les secrets de justice ou de bonté qui doivent épouvanter le monde ou le consoler ; priez pour cette Église de la terre qui vous a enfanté à celle du ciel, priez pour notre France qui a de si nobles instincts, où tant de bien s'opère encore chaque jour ; priez surtout pour ce diocèse, dont vous avez éte l'ange ici-bas. Vous vous étiez montré disposé à vous en séparer, par suite des infirmités qui vous attachaient sur un lit de souffrance ; vous m'aviez fait le confident de vos pensées à cet égard ; une autorité suprême vous a ordonné de mourir sur la brèche, vous l'avez fait : *cursum consummavi.*

Habitants d'Agen, je me suis décidé à vous faire cette dernière révélation, et pour la gloire de votre évêque et pour mettre en lumière certaines choses qui n'étaient pas assez connues.

Le choix d'un successeur est entre les mains du pieux pontife que nous pleurons. Dieu ne saurait rien lui refuser. Il vous obtiendra donc un continuateur des grandes œuvres qui forment l'auréole dont son front est couronné.

Amen.

V

Mandement de MM. les vicaires généraux d'Agen élus par le chapitre pour l'administration du diocèse pendant la vacance du siége.

Agen, 22 avril 1867.

Nous n'aurions pas voulu, NOS TRÈS-CHERS FRÈRES, troubler, dans tout le diocèse, les saintes joies des solennités pascales ; mais il est des circonstances qui imposent le devoir de parler, quelque pénible qu'en soit l'accomplissement ; des circonstances où l'on n'est pas le maître de se taire.

Quand un coup de vent ou une vague furieuse ont emporté celui qui dirigeait un navire, les passagers et l'équipage sont dans une égale anxiété ; on s'empresse de le remplacer, on n'est pas même difficile sur le choix, on se hâte, car il faut, avant tout, empêcher le vaisseau d'aller se briser contre les écueils. L'Église d'Agen se trouve aujourd'hui dans cette situation lamentable. Il a plu au Seigneur d'appeler à lui notre vénéré pontife Monseigneur JEAN-AIMÉ

DE LEVEZOU DE VESINS, et devant ce décret du ciel, si douloureux qu'il soit, si terribles qu'en puissent être pour nous les conséquences, nous devons nous incliner avec un religieux respect. On ne doit pas s'affliger outre mesure sur le juste qui meurt, son sort est plutôt à envier : ceux qu'il faut plaindre, ce sont ceux qu'il laisse orphelins. Le diocèse avait donc perdu son chef, sous les coups d'un mal plus violent que la tempête, et il était devenu urgent de pourvoir à l'administration spirituelle du diocèse pendant la vacance du siége : le vénérable chapitre de l'église cathédrale a jeté les yeux sur nous, et nous souhaitons que, dans cette conjoncture, l'affection chrétienne dont MM. les chanoines nous honorent n'ait pas égaré leur jugement. Quant à nous, N. T.-C. F., si nous n'avions pris conseil que de notre faiblesse, nous aurions refusé une charge beaucoup trop lourde pour nos épaules : nous avons pensé qu'il fallait faire abnégation de nous-mêmes et obéir à la voix de Dieu en toute simplicité ; nous avons accepté, persuadés que votre docilité et les bons sentiments dont vous nous avez donné tant de preuves, rendraient notre tâche facile, espérant aussi que la divine providence voudrait bien abréger pour nous tous le temps de l'épreuve.

Nous ne sommes pas téméraires en supposant que vous vous associez à nos regrets. Vous vous souvenez, N. T.-C. F., du zèle de votre premier pasteur. Pendant plus de vingt ans, c'est-à-dire tant que ses forces le lui ont permis, vous l'avez entendu, dans presque toutes les chaires, vous annoncer l'Évangile avec cet abandon et cette simplicité qui rappelaient la manière des anciens. Vous savez que les fatigues ne l'effrayaient pas ; il est vrai que son corps vigoureux les supportait sans trop de peine ; mais son énergie morale surpassait encore ses forces physiques, nous avons pu le constater bien des fois ; il ne reculait jamais quand il croyait pouvoir faire un peu de bien. Qu'avons-nous besoin de vous parler de son zèle? les preuves en sont partout dans ce diocèse. Ces humbles communautés religieuses fondées, dans la plupart des paroisses, pour l'éducation de filles, c'est à lui que vous les devez. Ces églises et ces nombreux presbytères, reconstruits ou restaurés par son impulsion et ses encouragements, la création des conférences ecclésiastiques, de la caisse des retraites pour les prêtres infirmes, l'Adoration perpétuelle, le rétablissement de la liturgie romaine, tout enfin vous parle de son zèle beaucoup plus éloquemment que nous ne saurions le faire nous-mêmes.

Au reste, on ne s'étonne pas de ces œuvres quand on a connu la vivacité de la foi qui l'animait. Oui, cette foi que l'Apôtre exalte en termes si magnifiques (1), cette foi qui est le fondement de notre espérance, la conviction des choses qu'on ne voit pas, et comme la démonstration du monde invisible, cette foi brillait du plus vif éclat en Mgr de Vesins, elle se traduisait dans tous ses actes. Jésus-Christ a dit : *Si vous ne devenez semblables à de petits enfants, vous n'entrerez point dans le royaume des cieux* (2), et vous savez que c'est surtout en présence des mystères de la religion qu'il exige cette humble soumission de notre esprit. Notre vénéré pontife la possédait, N. T.-C. F. ; Dieu la lui avait donnée pleine et entière. Il avait en horreur les audaces de ces hommes superbes qui blasphèment ce qu'ils ignorent, et ont l'impie et folle prétention de tracer des limites à la science et au pouvoir du créateur des choses : il croyait avec la simplicité des temps antiques, et il nous semble que pouvoir dire cela d'un évêque, c'est faire de lui l'éloge le plus complet, C'est cette foi qui lui inspirait un attachement si tendre et si dévoué pour notre saint-père le pape. Il voulait lui en donner une nouvelle preuve : malgré son âge et ses infirmités, il songeait à faire encore le voyage de Rome lorsque la mort est venue, hélas! le frapper subitement. Dieu s'est contenté de son pieux désir.

Nous voudrions, N. T.-C. F., vous faire pénétrer dans son cœur épiscopal, vous le révéler tout entier. Laissez-nous donc vous dire encore un mot d'une de ses vertus, trop ignorée peut-être, de sa charité. Ah! si les murailles de l'église de Notre-Dame de Bon-Encontre pouvaient parler, elles la proclameraient bien haut; et combien d'autres églises, combien d'établissements qui mêleraient leurs voix à ce concert de justes louanges! Que la modestie du vénéré défunt nous pardonne si nous lui dérobons ici un de ses secrets.

« Je mourrai pauvre, disait-il : si, dans ma haute position, « j'avais pu faire des économies, elles auraient été employées à des « œuvres pies. Je n'ai fait que peu de chose à cet égard, mais Dieu « a connu mes intentions, et j'ai la confiance que, dans sa bonté, il « daignera me tenir compte du peu que j'ai fait. Je n'ai désiré « qu'une chose, c'est d'habiter dans la maison du Seigneur : *Unam « petii à Domino, hanc requiram, ut inhabitem in domo Domini « omnibus diebus vitæ meæ* (3). Je n'ai pas assez bien acquitté ma « dette de reconnaissance pour la grâce que Dieu m'a faite de « devenir son ministre, tout indigne que j'en étais. Je lui demande « pardon de toutes mes fautes, et, si j'ai offensé quelqu'un dans le « cours de mon saint ministère, je déclare que je n'en ai jamais eu

(1) Heb. 11. — (2) Matth. 18-3. — (3) Ps. XXVI, 4.

« la volonté. Je n'ai rien sur le cœur contre qui que ce soit, et « j'aime sincèrement tous les bons prêtres dont j'ai l'honneur « d'être le chef. J'espère mourir, avec la grâce de Dieu, dans les « sentiments de foi, d'espérance, de charité et de vive contrition de « tous les péchés que j'ai commis dans le cours de ma vie. »

Tel était votre évêque, N. T.-C. F., tel était le pontife que la mort vient de nous ravir. Un illustre prélat nous écrivait : « Le « diocèse d'Agen, la province de Bordeaux, l'Église de France font « une perte bien grande en la personne d'un évêque si digne de ce « nom. Pour ma part, je n'oublierai jamais les bontés dont il m'a « honoré... » Quels motifs pour nous de nous persuader que tant de vertus lui auront mérité la récompense réservée aux bons serviteurs! Toutefois, comme la pureté infinie de Dieu aperçoit *des taches jusque dans ses anges*, ne cessez pas de prier pour le repos de son âme. Ne lui refusez pas cette preuve de votre affection et de votre pieuse reconnaissance; n'oubliez pas qu'il était votre père dans l'ordre de la grâce. Celui qui honore son père, nous dit l'Écriture, n'aura qu'à se féliciter de ses enfants, et quand il s'adressera à Dieu, sa prière sera exaucée. *Qui honorat patrem, jucundabitur in filiis, et in die orationis suæ, exaudietur* (1).

Et maintenant, N. T.-C. F., il nous reste un autre devoir à remplir. La mort a été un gain pour Mgr de Vesins, nous le croyons : pour nous tous, c'est un malheur. Aux douloureuses pensées qui remplissent notre âme viennent se joindre les incertitudes de l'avenir avec les anxiétés qu'elles apportent. Un homme respectable et haut placé, considérant le concours immense de fidèles accourus aux funérailles de notre vénéré pontife, et profondément impressionné du recueillement de cette foule ordinairement si tumultueuse, disait avec une sorte d'étonnement : *Vraiment, c'est une grande chose qu'un évêque!* Oui, en vérité, c'est une grande chose, absolument comme le chef suprême dans un empire, comme un général dans une armée, comme un père dans une famille, comme un représentant de Jésus-Christ sur la terre! Pénétrons-nous bien de cette pensée. Dieu, sans doute, n'abandonne jamais son Église, il sait lui envoyer des pasteurs selon son cœur, et toujours proportionner les secours aux dangers qui la menacent; mais depuis dix-neuf siècles, il permet qu'elle soit éprouvée de toutes les manières. Saint Paul se plaignait déjà de rencontrer des périls dans les faux frères, et c'étaient ceux qu'il redoutait le plus. Il en est de même pour les églises particulières : si elles ont leurs jours de

(1) Eccli. 3-6.

paix et de triomphe, elles ont aussi leurs jours de deuil et de tribulation.

Donc, N. T.-C. F., unissons-nous de cœur et d'âme; tâchons de faire au ciel, par nos prières, une sainte violence. Dieu tient dans sa main les cœurs des hommes et les tourne comme il veut : rien n'arrive sans sa volonté ou sa permission, et les événements même qui semblent n'être que l'effet du basard, sont d'avance réglés par sa providence. Conjurons-le d'illuminer les esprits et de diriger les intentions de ceux qui sont chargés de donner un pasteur à l'Église d'Agen. Saint Paul écrivait à son cher disciple Timothée : Pour vous, ô homme de Dieu, cherchez et pratiquez la justice, la piété, la foi, la charité, la patience, la douceur. *Tu autem, ô homo Dei, sectare justitiam, pietatem, fidem, charitatem, patientiam, mansuetudinem* (1). Prions le maître de la moisson de nous envoyer un digne et vaillant ouvrier, un pontife saint, irréprochable, orné de toutes les vertus que le grand apôtre voulait dans un évêque.

L. Bordes, vicaire général, capitulaire;
Manec, vicaire général, capitulaire;
Mouran, vicaire général, capitulaire;
Deyche, chanoine doyen, vicaire général, capitulaire.

Par mandement,

Mouran, chanoine, secrétaire général.

(1) I Tim. 6-11.

M. L'ABBÉ GÉRIN

CURÉ DE SAINT-ANDRÉ DE GRENOBLE, NOMMÉ A L'ÉVÊCHÉ D'AGEN

Nous terminions notre notice sur Mgr de Vesins, lorsqu'un décret impérial, en date du 16 mai, a nommé évêque d'Agen M. l'abbé Gérin, curé de Saint-André de Grenoble, pour remplacer Mgr de Vesins, décédé. Mgr Alexandre-Théodore GÉRIN est né à Grenoble le 25 février 1808. Il fut ordonné prêtre le 17 juillet 1831, et nommé vicaire de la paroisse Saint-Paul de Varces, dans le canton de Vif, puis desservant de la même paroisse dans l'arrondissement de Grenoble. En 1837, il était curé de Gières, dans le canton de Saint-Joseph de Grenoble, et en 1849 curé-archiprêtre de Bourg-d'Oisans, paroisse de près de 3,000 âmes, où M. Gérin se signala particulièrement en 1854, par les soins qu'il donna aux cholériques. Enfin, depuis 1856, il était curé de Saint-André de Grenoble, paroisse qui compte 5,000 habitants. Depuis 1860, il est chevalier de la Légion d'honneur.

Le diocèse d'Agen, dont l'évêché fut érigé au troisième siècle, a une population de 332,065 habitants : 47 cures, 393 succursales et 47 vicariats reconnus par l'État, d'après la *France ecclésiastique* de 1867.

L'église cathédrale est placée sous l'invocation de *Saint-Étienne*, diacre, premier martyr.

PARIS. — DE SOYE, IMPRIMEUR, PLACE DU PANTHÉON, 2

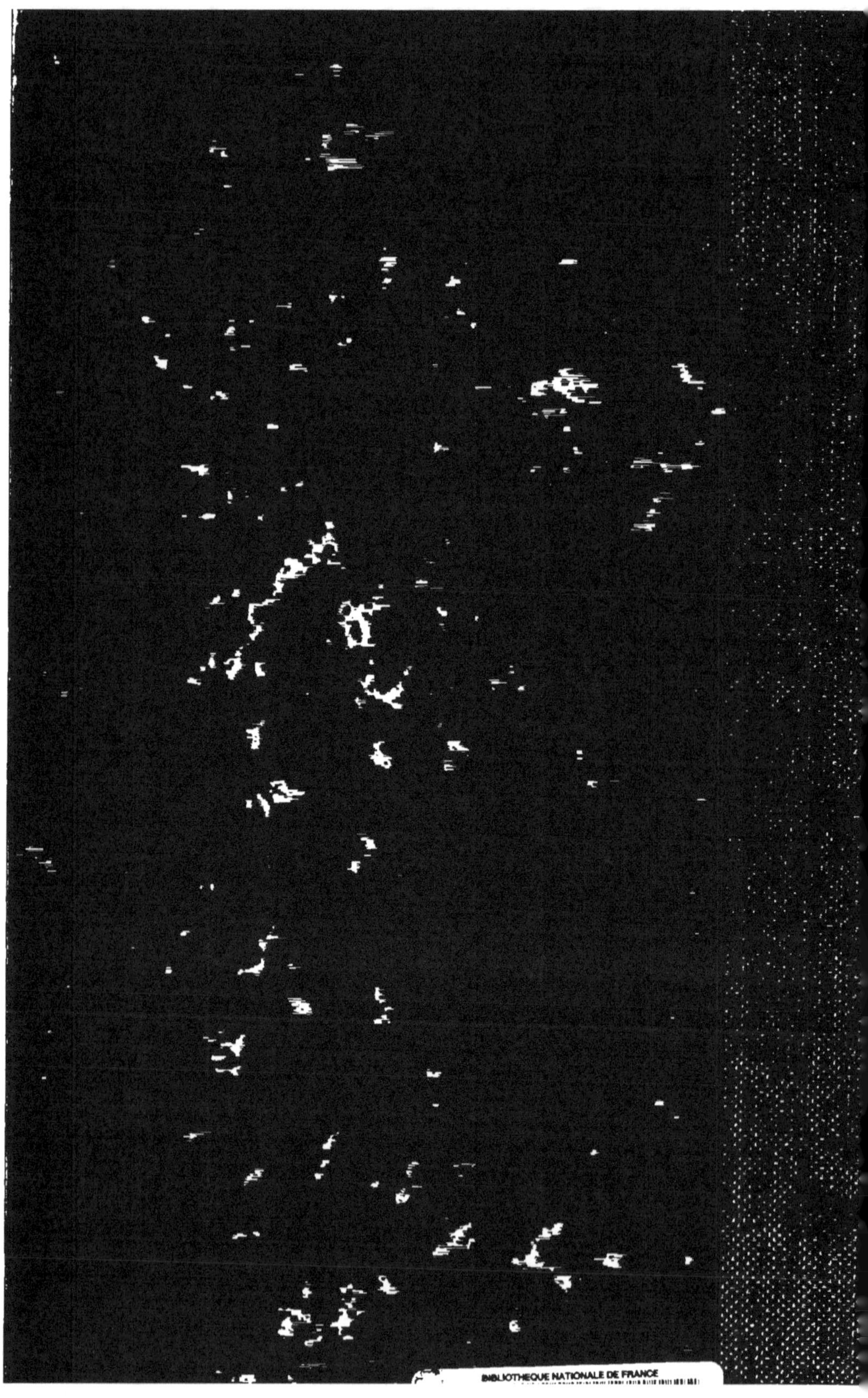

www.ingramcontent.com/pod-product-compliance
Lightning Source LLC
LaVergne TN
LVHW010058230826
846091LV00005B/1999

* 9 7 8 2 0 1 1 7 5 2 9 3 2 *